사랑
그
그리움

사랑 그 그리움

초판 1쇄 인쇄	2025년 11월 11일
초판 1쇄 발행	2025년 11월 18일

지은이	용혜원
펴낸이	이춘원
펴낸곳	책이있는마을
기 획	강영길
편 집	이서정
디자인	Do'soo
마케팅	강영길

주 소	경기도 고양시 일산동구 무궁화로120번길 40-14 (정발산동)
전 화	(031) 911-8017
팩 스	(031) 911-8018
이메일	bookvillagekr@hanmail.net
등록일	1997년 12월 26일
등록번호	제10-1532호

ISBN 978-89-5639-362-9 (03810)

책값은 책표지 뒤에 있습니다.
이 책은 책이있는마을이 저작권자와의 계약에 따라 발행한 것이므로 저작권법에 따라 무단 전재와 복제를 금합니다.

사랑
그
그리움

용혜원 지음

시인의 말

외로운 날은
삶의 외진 복도 끝에 앉아서
고독이란 병을 홀로 앓고 있고
혼자임을 가슴 깊이 깨달아
심장 속에 가득 느끼면
어김없이 찾아오는 외로움이 있다.
쓸쓸한 날은 심장까지 외로움이 파고들어
허전함의 끝에 앉아 외로움이란 병을 앓고
외롭게 세상과도 동떨어져 있고
쓸쓸하게 내팽개쳐져 있고
외로움의 그물에 갇혀 있으면
고독이 가차 없이 서둘러 찾아온다.
홀로 있는 하룻밤이 길고 깊어 잠들지 못한 채 불면이다.
가슴이 저리고 힘이 들어 외로움을 견딜 수 없다.

어찌할 수 없어 몸부림치며 고독을 견딜 수 없다.
홀로 있는 하루가 길어서 아무것도 못 하고 있다.
가슴이 저리고 힘들어
외로움을 견딜 수 없어 힘들고
고통스럽게 하루하루 견디기가 어렵다.
이 세상에 외롭지 않을 사람이 있을까.
외로우니 사랑하고 외로우니 시를 쓴다.
이 땅에 사는 외로운 사람들에게 이 시를 드린다.

이 시집을 생전에 내고 싶어했던
고(故) 강영길 발행인에게 바칩니다.

용혜원

차 례

시인의 말

괜찮아 *14*
혼자 사는 외로움 *15*
우리 보고 싶으면 만나자 *16*
고독이 나를 불러 *18*
그리운 이름 하나 *19*
고독 속에 홀로 외로운 여자 *20*
홀로 남은 삶 *22*
행복을 느낄 수 있다는 것은 *24*
어떤 날 *26*
고독 연습 *28*
홀로 새우는 밤 *30*
이 외로움을 *31*
외로움의 이유 *32*
혼자라고 생각될 때 *33*
그대는 꿈으로 와서 *34*
외로움이 가득한 날 *35*

사람을 만나고 싶습니다 36

홀로 남는다는 것은 38

누군가를 그리워하며 사는 것도 40

외로울 때 누군가 곁에 있어 준다면 42

외로울 거야 46

살아가는 일이란 48

홀로 살아야 한다는 것은 50

행복을 주는 사람 52

참 쓸쓸하다 54

가장 외로운 날엔 56

목 놓아 울고 싶은 날 59

아무도 없다 60

어느 고독한 날에 62

홀로 서야 하는 외로움 64

산다는 것이 슬픔이 될 때 66

허무 67

홀로 있을 때 68

삶의 깊이를 느끼고 싶은 날 69

외로움 70

혼자 울고 싶다 71

고독이 선명해질 때 72

외로워지는 날에는 74

아쉬움 75

푸념 76

고독에 휩싸이는 날이면 80

쓸쓸함 *81*

홀로 바닷가를 거닐어 보았습니까 *82*

커피로 적시는 가슴 *84*

고독이 떠나지 않는 날 *86*

사랑 그 그리움 *87*

깊고 깊은 밤에 *88*

인생이 무대에 올려진 연극이라면 *90*

외로움을 느낄 때 *92*

죽음 같은 고독 *93*

괴로운 세상 *94*

혼자 남아 있을 때 *96*

밤낚시 *98*

고독하다 이 세상은 *100*

고독 1 *101*

고독 2 *102*

고독 3 *104*

외로운 날이면 *106*

어디로 갈까 *108*

비 내리는 창밖을 바라보며 *110*

사람들의 눈빛에서 *112*

사랑이 떠난 후에 *113*

고독을 아는 사람이 *114*

고독이라는 열병 *118*

외로움 탓에 *120*

네 기억의 창고에 사랑으로 남고 싶다 *122*

떠나가면서 남긴 말 124

아무도 모르게 126

위로받을 수 없는 고통 127

외로움의 벽 128

살아가는데 어찌 괴로움이 없을까 130

어디로 가야 하는가 132

외로움을 묶어 던져버리고 싶은 날 134

뒤돌아보지 마라 135

설움이 가득한 날 136

허무 136

홀로 남아 있던 날 140

고독한 날에 마시는 커피 142

고독의 길 144

절벽 146

고독의 비 148

혼자 살면 150

마음이 허전한 날은 1151

빈 의자 154

서러움 155

상처가 있을 때 156

혼자 서럽다 울지 마라 158

슬픈 상처 160

몸이 아플 때 162

돈이 없을 때 164

나 홀로 남아 166

차가운 손 *167*

어둠 속의 고독 *168*

가슴 속의 멍 *169*

가슴에 가득한 고독 *170*

혼자 식탁에 앉으면 *172*

혼자 먹는 밥상 *173*

홀로 남을 때 *174*

빈 잔 가득 *175*

외로움을 달래줄 수 있을까 *176*

고독의 흔적을 벗겨내면 *177*

고독한 날의 풍경 *178*

외로움에서 벗어날 수 있을 때 *180*

혼자만의 짧은 여행을 *181*

짧은 삶에 긴 여운이 남도록 살자 *182*

깨달음 *184*

모든 것이 꿈인 듯 *185*

이별이 시작되던 날 *186*

외로움이 엄습할 때 *188*

고독한 날은 *190*

잠들지 못하는 밤 *191*

마음 한구석에 슬픔이 고여 있을 때 *192*

사랑하는 사람을 만날 수 없다는 것은 *193*

감옥 같은 날 *194*

외면 *195*

그립다는 말 *196*

널 만났으면 좋겠다 *198*

세월이 남기는 것은 *199*

나 홀로 외롭기에 *200*

혼자 생각 *202*

마음이 허전한 날에는 *204*

고독을 즐기는 방법 *206*

허무한 생각이 들 때 *208*

지독하게 고독한 날에는 *210*

누군가를 사랑한다는 것은 *211*

이 그리움을 어찌해야 합니까 *212*

꼭 만나지 않아도 좋은 사람 *214*

관심 *215*

추억 속의 그림자 *216*

그대와 나 *218*

내 마음에 그리움이란 정거장이 있습니다 *220*

가슴이 터지도록 보고 싶은 날은 *222*

너를 만나러 가는 길 *224*

밀려드는 그리움 *225*

그리운 사람 있다면 *226*

이런 날이면 *228*

우리 만나서 커피 한잔 합시다 *230*

그곳에도 비가 내리고 있습니까 *232*

괜찮아

죽고 싶도록
못 견디게 힘들었지
지금은 어때 괜찮아
잘 견딜 수 있지
뼈아픈 고통도
세월이 흘러가면 잊히는 거야

혼자 사는 외로움

혼자 사는 외로움에 깊이 빠져
얼굴은 행복과 웃음과 기쁨이 썰물처럼
싹 빠져나가 버리고 사라졌다

고독과 외로움이
얼굴에 깔려 덮여 있다

눈에도 보이지 않는 서글픈 고독이
몸과 마음에 들어차서
삶이 온통 고독뿐이다

혼자 사는 외로움이
무인도에 버려진 것처럼
잔혹하게 고독에 빠질 때도 있다

혼자 사는 것은 온몸이 외로움이다
온몸이 쓸쓸함이고 온몸이 고독이다
여기까지다
더 이상 고독하게 하지 마라

우리 보고 싶으면 만나자

그리움이 마음의 모퉁이에서
눈물이 고이도록 번져나가면
간절한 맘 잔뜩 쌓아놓지 말고
망설임의 골목을 지나
우리 보고 싶으면 만나자

무슨 사연이 그리 많아
무슨 곡절이 그리 많아
끈적끈적 달라붙는 보고픈 마음을
근근이 막아놓는가
그렇게 고민하지 말고
애타는 마음에 상처만 만들지 말고

보고픈 생각이 심장의 혈관까지 찔러와
속병이 드는데 만나지 못하면
세월이 흐른 후에 아무런 남김없이
억울함에 통곡한들 뭔 소용인가
남은 기억 속 쓸쓸함으로 남기 전
우리 보고 싶으면 만나자

그리워 하염없이 눈물만 흘리며
마음의 갈피를 못 잡고
뼛골이 사무치도록 서운했던 마음을
다 떨쳐버리고
우리 보고 싶으면 만나자

고독이 나를 불러

고독이 나를 불러
고독 속에 걸어 들어가
고독의 선명한 발자국 속에 앉았다가
고독에 깊이 빠졌다

고독은 외롭고 쓸쓸하고
적막 속에 나를 가둔다

넓은 세상에 외롭게 남아
혼자 된 느낌이다

갈 곳 없이 외롭게
세상과 동떨어져
문이 닫힌 기분이다

고독이 나를 불러
외롭고 쓸쓸함에 빠졌다

그리운 이름 하나

내 마음에
그리운 이름 하나 품고
살아갈 수 있다면 얼마나 행복합니까

눈을 감으면 더 가까이 다가와
마구 달려가 내 가슴에
와락 안고만 싶은데
그리움으로만 가득 채웁니다

그대만 생각하면 삶에 생기가 돌고
온몸에 따뜻한 피가 돕니다
그대만 생각하면 가슴이 찡하고
보고픔에 울컥 눈물이 납니다

세월이 흐른다 해도
쓸쓸하지만은 않습니다
내 가슴에 그리운 이름 하나
늘 살아있음으로
나는 행복합니다

고독 속에 홀로 외로운 여자

고독의 가지에 매달려
홀로 외로운 여자

사는 것이 왠지 시들시들해
홀로 이 외로움을 어찌 감당하는가
창밖을 바라보며 한숨을 쉰다

텅 빈 고독 속에
숨죽이며 홀로 외로운 여자

세상도 알 것 같고
인생도 알 것 같고
사랑도 제법 알 것만 같은데 외로운 여자

촘촘히 박힌 외로움에
홀로 고독한 여자에게 찾아온
허전함과 쓸쓸함이
좀처럼 떠나지 않는다

공허함 속에 고독의 파도가
밀려와도 감당할 수 없다

창밖을 바라보며
한 잔의 커피를 마시고
외로움을 달래지만
고독의 파도는
더 거세게 몰아친다

홀로 남은 삶

홀로 남은 삶
홀로 있으면
가슴 태울 일 하나 없이
세상 살기 편할 줄 알았다

혼자 남아 홀가분한 것도
편한 것도 한순간 잠시일 뿐
노크도 없이 견디기 힘든
외로움이 마음의 문을 열고 들어왔다

홀로 있는 날이 길어질수록
잔뜩 덮인 외로움의 두께가
날이 갈수록 점점 두꺼워져
혼자서는 도저히 깰 수가 없다

넋 잃은 몸짓으로 살아보아도
근심과 걱정만 찾아올 뿐
마음의 평안도 기쁨도 없다

함께할 사람
같이할 사람
동행할 사람
생사고락을 같이할 사람을
어서 빨리 찾아야겠다

행복을 느낄 수 있다는 것은

삶이란
바다에 잔잔한 파도가
치고 있다는 것이다

사랑하는 사람과 함께할 수 있어
낭만이 흐르고 음악이 흐르는 곳에서
서로의 눈빛 통하며 함께 커피 마시고

흐르는 계절 따라
사랑의 거리를 함께 정답게 걸으며
하고픈 이야기 정답게 나누는 것이다

사랑하는 사람과 한집에 살아
신발을 나란히 놓으며
마주 바라보고 식사하고
잠자리 함께하며
편안히 눕고 깨어난다는 것이다

서로를 소유하며
서로가 원하는 것 나누며
함께 꿈을 이루어가며
기쁨과 웃음과 사랑이 충만한 것이다

행복을 느낄 수 있다는 것은
보이지 않는 삶의 울타리 안에
평안함이 가득한 것이다

삶이란
들판에 거세지 않게
가슴을 잔잔히 흔들어 놓는
바람이 불고 있다는 것이다

어떤 날

손을 흔들고 싶은 날이 있습니다
사랑하는 사람이
몹시도 보고 싶은 날이 있습니다

모두 다 만나 실컷 떠들어대고
마음껏 웃어보고
마음껏 소리치며
노래도 부르고픈 날이 있습니다

마구 달아나고픈 날이 있습니다
두 다리 쭉 뻗고
통곡하듯 울고픈 날이 있습니다

미운 사람들에게 욕이나 실컷 퍼붓고
꼼짝 않고 며칠간 누워
잠이나 푹 자고 싶은 날이 있습니다

하루 종일 돌아다니고 싶은 날이 있습니다
영화 연극 음악 감상과 쇼핑을 마음껏
누구에게도 간섭받지 않고
하고픈 날이 있습니다

이 마음 내 마음만이 아니라
모두가 하고픈 마음일 테니
오늘도 삶을 사랑하는 마음으로
사랑의 길을 가겠습니다

고독 연습

고독이란 그 무엇으로도 채울 수 없는
텅 빈 마음이다
홀로 우울한 시간을 만드는 것은
참 쓸쓸한 일이다

빈 가슴을 다 채우지 못하는
아픔이 있는 날은
쓸쓸한 이유를 알기에 고독을 연습한다

혼자라는 저린 아픔을 느낄 때
고독은 제자리를 더 차지하려고 한다

혼자 커피를 마시며 창밖을 바라본다
혼자 거리를 걸으며 생각에 잠긴다
혼자 서점에 들러 책을 고른다
혼자 가만히 앉아 음악을 듣는다

사랑하는 사람이 있을 때는
고독을 연습하는 것이 행복하다
사랑하는 사람이 없을 때는
고독을 연습하는 것이 불행하다

고독해지면 괜한 시름과 걱정까지도
마음을 흔들어 놓는다
고독이 풀릴 때까지
고독을 연습하는 것은
살아 있다는 느낌을 더해 준다

홀로 새우는 밤

세상 바다에 나뭇잎으로 떠 있는 듯
아무리 뒤척여보아도
어둠이 떠날 줄 모르고
나를 가둬 놓았다

혼자라는 고독을 느낄 나이 되면
삶이란 느낌만으로도 눈물만으로도
어찌할 수가 없다

사랑하는 사람이 있어도
함께할 수 있는 이 있어도
홀로 잠들어야 하는 밤

시계 소리가 심장을 쪼개고
생각이 수없이 생각을 그려낸다
밤을 느낄 때 고독을 느낀다

벌써 밤이 떠날 시간이 되었는데
내 눈에 아직 잠이 매달려 있다

이 외로움을

크고 넓은 하늘에
외롭게 떠 있는 초승달처럼
삶 속에 외롭게 홀로 남은
이 외로움을 어쩌란 말인가

넓고 넓은 바다에
쓸쓸하게 홀로 떠 있는 조각배처럼
삶 속에 홀로 외롭게 남은
이 외로움을 어쩌란 말인가

홀로 애를 쓰며 마음을 감싸고 감싸도
마음은 고독하고 외로운데
아무리 몸부림을 쳐보아도
고독하고 외로운데
이 외로움을 어쩌란 말인가

외로움의 이유

나 혼자 동떨어져 홀로 뒤채며
고독에 묶여 있다

사람들과 함께 한동안 어울려도
고독의 벼랑 끝에
혼자 남아 있으면
외로움의 이유가 된다

사람들과 거리감을 두고 벽을 쌓으면
홀로 갇히고마는
외로움의 이유가 된다

사람들에게 외면당해
쓸쓸하게 소외되면
가슴이 저려오는
외로움의 이유가 된다

혼자라고 생각될 때

너에 대한 여운이 찾아들어
혼자라고 생각될 때
고독이 찾아온다

여태껏 버티어 온 것도
나와 함께하는 네가 있었기 때문이다

까닭 없이 웃는 사람이 있는가
모두다 이유가 있다

서러움의 마디마디가 끊어져 찾아온
고독이 떠나는 시간은
나와 함께 네가 있을 때다

고독해진 이유는
너를 향한 그리움이
내 발목을 잡고 놓아주지 않기 때문이다

그대는 꿈으로 와서

그대는 꿈으로 와서
가슴에 그리움을 수놓고
눈 뜨면 보고픔으로 다가온다

그대는 새가 되어
내 마음에 살아
기쁠 때나 슬플 때나
그리움이란 울음을 운다

사랑을 하면 꽃피워야 할 텐데
사랑을 하면 열매를 맺어야 할 텐데

달려갈 수도
뛰어들 수도 없는
우리는
살아가며 살아가며
그리워 그리워하며
하늘만 바라본다

외로움이 가득한 날

외로움이 가슴을 쓸어가는 밤
홀로 남은 허전함에
오돌오돌 떨었다

바람이 거세게 뒤척이는 바다
외로움이 가득한 날
뒤척거리다 밤을 지새웠다

멀어져간 사람이 내 안에 있어
지워버린 흔적이 남아
어쩔 수 없어 애가 탄다

한번 떠나면 다시 돌아올 길 없이
발걸음 소리가 멀어져 갔는데
이별이란 깊게 찔린 상처가
고독의 깃을 젖게 만든다

항시 그립다 해도 이별은
가슴이 아픈 순간을 만든다

사람을 만나고 싶습니다

사람을 만나고 싶습니다
누구든지 아니라
마음이 통하고 눈길이 통하고
대화가 통하는 사람과
잠시만이라도 같이 있고 싶습니다

살아감이 괴로울 때는
만나는 사람이 있으면 힘이 생깁니다
살아감이 지루할 때면
보고픈 사람이 있으면 용기가 생깁니다

그리도 사람은 많은데
모두 다 바라보면
멋쩍은 모습으로 떠나가고
때론 못 볼 것을 본 것처럼 외면합니다

사람을 만나고 싶습니다
친구라 불러도 좋고
사랑하는 이라 불러도 좋을
사람을 만나고 싶습니다

홀로 남는다는 것은

홀로 남는다는 것은
마른 목숨에 불을 켜놓아도
속살 깊이 눈물만 터지는
가슴 아픈 일이다

삼삼히 눈앞에 아른거리고
그리움이 자꾸만
가슴에 고여 들어 눈물을 만든다

마주 잡던 손은
아직도 따스함을 기억하는데
날 어두워지면
흔들리는 마음을 잡을 수 없다
가야 할 길을
알 수도 없고 찾아낼 수도 없다

사랑하며 다니던 모든 길
헛발 자국만 남았으니
얼마나 가슴 치며 후회할 것인가

차라리 사랑하지 않았더라면
그리움도 없었을 것을
떠나는 길 막지 못함이
까무러치도록 원통할 일이 아닌가

누군가를 그리워하며 사는 것도

늘 잊히지 않아
누군가를 그리워하며 사는 것도
참으로 행복한 일이다

누군가를 가슴속에서
꺼내보고 좋아하고 사랑한다는 것은
속마음을 떨리는 일이다

그리움은 홀로 피울 때
외로움은 더욱
아름답게 피어난다

기다릴수록 더 그리워지고
기다릴수록 몸은 달아올라
그리움의 날개를 펄럭인다

이 하늘 아래서
누군가를 사랑하는 것은
축복받은 일이다

나는 처음 본 당신이
티 하나 없이 고와서
해맑게 웃는 모습이 좋아서
사랑을 시작하였다

외로울 때 누군가 곁에 있어 준다면

외로울 때 누군가 곁에 있어 준다면
쓸쓸했던 순간도 구석으로 밀어놓고
속 깊은 정을 나누며 살아갈 수 있기에
살맛이 솔솔 날 것입니다

온갖 서러움을 홀로 당하며 살아왔는데
가슴에 맺힌 한을 풀어줄
넉넉한 마음을 갖고 있다면
가슴에 켜켜이 쌓였던 아픔도
한순간에 다 사라지고 말 것입니다

생각하지 못했던 어려움이 닥쳐
절망의 한숨을 내쉬어야 할 때도
누군가 곁에 있어준다면
비참하게 짓밟혀 싸늘하게 얼어붙었던
냉가슴도 따뜻하게 녹아내릴 것입니다

내 삶을 넘나들던 아픔도 다독여주고
축 처지고 가라앉게 하던 우울과
치밀어 올라 찢긴 가슴을 감싸준다면
끝없이 짓누르던 고통도 멈추고야 말 것입니다

흠집투성이 그대로 받아줄
마음이 푸근하고 넉넉한 사람이라면
잠시 어깨를 빌려 기대고 싶습니다

항상 죄스러운 마음으로
눈물 꽃 피우며 살아왔는데
거칠어진 손 따뜻하게 잡아주며
활짝 웃어준다면
하늘 한 번 제대로 못 바라보고
울게만 하던 모든 서러움도 다 떠날 것입니다

가슴에 묻어둔 이야기

가슴에 묻어둔
이야기 있는 사람들이 있습니다

그 아픔을 그 그리움을
어찌하지 못한 채로
평생 감싸안으며
살아가는 사람들이 있습니다

누구에게도 말할 수 없는
비밀이기보다는 지금의 삶을 위하여
지나온 세월을 잊고자 합니다

때로는 말하고 싶고
때로는 훌훌 떨쳐버리고 싶지만
세상살이가 그리 쉬운 일만은 아니어서
가슴앓이로 살아가며
되돌아가지도 못하고 다가가지도 못합니다

외로울 때는 그리움도 위로가 되기에
가슴에 묻어둔 이야기를
숨겨 놓은 이야기처럼 감싸안으며
살아가는 사람들이 있습니다

외로울 거야

외로울 거야
피가 맑갛게 흐르는 시간을
어떻게 홀로 보낼까

가슴에 구멍이 숭숭 뚫려
바람이 세차게 불어올 텐데
외로울 거야

떠날 만큼 떠나고
돌아설 만큼 돌아서서
그리운 마음 꾹 눌러놓았어도
외로울 거야

날마다 차곡차곡 쌓이는 그리움
늘 따습게 기대고 살려면
마음의 물꼬는 트고 살아야지
싸늘하게 냉기를 불어넣으면
어떻게 감당하며 사나

점점이 떠도는 그리움에
사랑한다는 말
그립다는 말
보고 싶다는 말이 맴도는데
숨이 꼴깍 넘어가도록 외로울 거야

살아가는 일이란

살아가는 일이란
때로는 가슴이 먹먹하고
아픈 일이다

할 수 없는 일
못다 한 말
갈 수 없는 곳
어찌할 수 없는 것들이
미치도록 괴롭힐 때가 있다

살아가는 일이란 한계를 느끼고
부족을 느끼고 나약을 느낄 때
초라하기만 하고 꼴 보기조차 싫어져
울부짖고 몸부림치고
소리를 지르고 싶을 때가 있다

살아가는 일이란
가끔 소소한 기쁨조차 없다면
살아갈 용기가 나질 않는다

살아가는 일이란
잔잔한 기쁨조차 찾아오지 않는다면
살아갈 힘이 나질 않는다

홀로 살아야 한다는 것은

홀로 살아야 한다는 것은
가장 비극적인 절망이다

등 돌리고 떠나가 버려
홀로 남아 있는 것은
고독이 아니라 버려진 삶이다

힘에 부치고
버거운 삶이 앙다물고
견디고 있는데
하찮은 위로의 말 하지 마라

수없는 말로 변명해도
수없는 말로 이유 대도
아무런 소용이 없다

쏟아지는 눈물조차 보이기 싫어
가슴에 쏟으며 참고 있는데
숨겨 놓았던 한스러운 고통마저
다 터져버리면
피맺힌 서러움을 아무도 막을 수 없다

떠난 자보다 남아 있는 자는
가슴에 슬픔이 살아남아
핏줄마다 고독을 느끼며
처절하게 살아야 한다

행복을 주는 사람

잠시 만나 커피 한 잔을
마시고 헤어져도
행복을 주는 사람이 있다

생각이 통하고
마음이 통하고
꿈과 비전이 통하는 사람

같이 있기만 해도
마음이 편한 사람
눈빛만 보아도
평안해지는 사람

한 잔의 커피를 마시고 일어나
다시 만나기를 약속하면
그 약속이 곧 다가오기를
기다려지는 사람이 있다

사랑하는 사람
행복을 주는
다정한 사람이 있다

참 쓸쓸하다

살다 보면 살아가다 보면
모두가 떠난 듯
텅 빈 마음이 참 쓸쓸하다

만날 사람도 없고
가야 할 곳도 없고
해야 할 것도 없을 때가 있다

마음에 구멍이라도 뚫린 듯이
허전함도 점점 커가고
심장을 고독이 찌른 듯이
아파도 몹시 아프다

거리를 걸어가면 만나는 사람들
모두가 낯설고 외면하듯
시선이 차갑다

커피를 마시며
둘러보아도 사람들 속에
왠지 나만 쓸쓸하고 외롭다

나이가 들어가며 늙어가며
뼈아픈 고독이 내 가슴에 찾아온다

사랑이 떠나면
이 세상은 참으로
나 혼자 남은 외로운 섬이 된다

가장 외로운 날엔

모두 다 떠돌이 세상살이
살면서 살면서
가장 외로운 날엔
누구를 만나야 할까

살아갈수록 서툴기만 한 세상살이
맨몸, 맨손, 맨발로 버틴 삶이 서러워
괜스레 눈물 나고 고달파
모든 것에서 벗어나고만 싶었다

모두 다 제멋에 취해
우정이니 사랑이니 멋진 포장해도
때로는 서로의 필요 때문에
만나고 헤어지는 우리들
텅 빈 가슴에
생채기나도록 아프다

만나면 하고픈 이야기가 많은데
생각하면 더 눈물만 나는 세상
가슴을 열고 욕심 없이
같이 웃고 같이 울어줄 누가 있을까

인파 속을 헤치며 슬픔에 젖은 몸으로
홀로 낄낄대며 웃어도 보고
꺼이꺼이 울며 생각도 해보았지만
살면서 가장 외로운 날엔
아무도 만날 사람이 없다

고통

고통 속에 살아가는 사람은
항상 고통의 눈물에 젖어있다

고통이 찾아오면 사는 모든 순간이
가슴이 뻐개지는 고통이었다

고통에서 벗어날 수 없는
늪처럼 빠져 신음조차 메말랐다

왜 살아야 할까
이렇게만 살아야 할까
쏟아지는 의구심에 한탄만 남아도
한숨조차 내뿜지 못했다

절망뿐이었다
가도가도 헤어나올 수 없는
절망의 늪에 빠져
살아가는 것이 아픔이요 눈물이었다

목 놓아 울고 싶은 날

살아감에 한 많은 사람이
가슴에 가득한 설움을 쏟아내고 싶어서
목 놓아 울고 싶은 날이 있다

왜 하필이면 나에게
이런 고통이 찾아왔을까 원망과 한탄하며
가슴 속 눈물을 펑펑 쏟아내고 싶다

왜 하필이면 나에게 무슨 잘못이 있어
이런 절망이 찾아왔나 통곡하며
애통하며 가슴 속에 쌓인 슬픔을
다 토해내듯 펑펑 울고 싶다

목 놓아 울고 싶던 날
한없이 한없이 울고 또 울고 나면
눈물도 바닥이 있는 법
슬픔도 고통도 바닥이 있는 법
내 눈물에 슬픔도 고통도 떠내려가고 있다

아무도 없다

아무도 없다
하루 종일 혼자 있어도 인기척도 없다

핸드폰이 울리지 않고 문자도 없고
메일도 도통 오지 않고
모두 다 나를 잊어버렸나 보다

이 세상에서 만날 사람이 아무도 없고
찾아오는 사람도 없다
혼자라는 것은 고독이 아니라
때로는 아주 비극적인 절망이다

사랑을 만나 사랑을 해야
싹이 나고 자라서 열매를 맺을 텐데
혼자 남아 있으면
고독과 외로움이 주인이 된다

혼자 있으면 정겨움도 다정다감함도
따뜻한 마음도 포근한 마음도 없다

아무도 없다
그래서
홀로 너무나 외롭다

어느 고독한 날에

하늘은 맑기만 한데 마음엔
설움의 비가 억수같이 쏟아져 내린다

넘치는 고독이 눈가에 맺혀오면
참지 못하여 거리로 나서지만
갈 곳도 반기는 곳도 없다

남들은 멀쩡한데 나 혼자만
왜 이러는 걸까 병이다, 병

감정 하나 제대로 다스리지 못하고
이 험한 세상을 어찌 살아간다고

하늘을 바라보다
울먹거리는 울음 끝에 다시 웃는다

그래 이 맛에
이 고독한 맛에
살아가는 거지 살아있으니까
이 맛도 느껴보는 거야

커피 한 잔에 흐르는 음악마저
날 정말 울리고 있다

이런 고독한 날에는

홀로 서야 하는 외로움

목숨조차 한 줄기
강물이 되어 흘러가면
다시는 돌아오지 않는다

알고 보면 모두 떠나가야 할
외로운 사람들
고독한 사람들
쓸쓸한 사람들이다

마음의 심지 갈아놓고
미지근하게 당기지 말고
화끈하게 당겨라

세월이 흘러가며 할퀴어놓은
늙은 모습이 처량해지기 전에
열정으로 벌겋게 버무려놓은
마음으로 살고 싶다

북적거리는 세상에서
억울하게 흘러만 가는 세월 속에
홀로 서야 하는
외로움이 징그럽게 싫다

산다는 것이 슬픔이 될 때

산다는 것이 슬픔이 될 때
찾아드는 외로움에
가로등 불빛조차 슬퍼 보였다

즐거움 속에 웃음이 가득하던 네가
두 뼘도 되지 않는
내 가슴을 찢어놓으면
그 아픔을 어찌해야 할까

꿈은 아득한 절벽 아래로 떨어져 버리고
내 가슴은 긴장할 대로 긴장해
바람에 바스락거리는 소리에도
너일까 놀라고 있다

내 가슴을 휘젓고 다니는 네가
내 마음의 빈 들판에
한 송이 들꽃이 되어 피어나면 좋으련만
늘 가시가 돋친 너를
사랑하는 것이 슬픔이다

허무

마음이 허물어져
조각조각 쏟아져 내리는
슬픔을 감당할 수가 없다

눈앞에 보였는데 거의 다 왔는데
손에 잡히는 것 없이
지나온 세월이 거짓이었다

외로움에 결박당해 눈물로 흥건히 적신
시간을 어찌해야 하는가

온 정성을 쏟았는데 배신으로 썩 갈라놓고
뒤도 돌아보지 않고 떠났다

외줄이라도 매달리고 싶은
애절함에 시름시름 앓아
눈동자에 눈물 고이고
온몸에 뼈마디가 울린다

홀로 있을 때

모든 것들이 어둠 속으로 떠나간 밤
환한 불빛 아래 홀로 있으면
조용히 떨리는 가슴으로
나를 들여다볼 수 있다

소용돌이치는 세상을
살아가기 위한 가식도
다 벗어버리고 혼자 남아 있다

사람들과 있을 때
겉모습의 화려함보다
홀로 있을 때가 더 진실하다

살아남기 위해 내 숨소리를 들으며
있는 그대로의 내 모습을
홀로 바라보고 있을 때
거짓 없는 나를 만날 수 있다

삶의 깊이를 느끼고 싶은 날

삶의 깊이를 느끼고 싶은 날
커피 한 잔에 목을 축인다

떠오르는 수많은 생각들
거품만을 내며 살지는 말아야지
거칠게 몰아치더라도 파도쳐야지

겉돌지는 말아야지
가슴 한복판에 파고드는
멋진 사랑을 하며 살아가야지

나이가 들어가면서 안타까운 마음이 든다
이렇게 살아서는 안 되는데
더 열심히 살아야 하는데 늘 조바심이 난다

가을이 오면 열매를 멋지게 맺는 사과나무같이
나도 저렇게 살아야지 하는 생각에
삶의 깊이를 느끼고 싶은 날
커피 한 잔과 친구가 된다

외로움

혼자는
고독한 죽음이다

한 그루의 나무를
아무도
숲이라 하지 않는다

혼자 울고 싶다

삶이 너무나 힘들어
발 디딜 틈 하나 없고
고이는 눈물을 참을 수 없어
두 다리 쭉 뻗고 신세타령하듯
나 혼자 펑펑 울고 싶다

서로 다른 모습으로 살아가는 데도
나만 못난 것 같고
나만 잘못 살고 있는 것 같아
앞날이 캄캄해 보이지 않으니
울음조차 참지 못하도록 서글프다

정든 것들마저 하나씩 멀어져 가고
불행의 거미줄이 더 조여와
생각의 갈피를 잡을 수 없으니
홀로 외로워지는 날은 팍 엎드려져
나 혼자 펑펑 울고 싶다

고독이 선명해질 때

고독이 선명해질 때
외로움이 드러나면
갇혀있던 나는 탈출을 시도한다

애처롭게 신음하며 절망했던 날들 속에
한구석이 텅 빈 내 모습이
왠지 초라해 보인다

가슴 깊은 곳에 숨겨 놓고
토해낼 수 없었던 고백을
입술이 피가 나도록 깨무는
아픔이 있더라도 말하고 싶다

잔뜩 낀 먹구름을 피하지 못하고
시달린 시간이
말할 수 없는 고통을 몰고 있다

가면으로 가려두고
늘 웃음으로 위장했던
세월이 흘러갈수록 가슴이 아프다

가슴속에 숨겨두었던
오랜 아픔을 쉽게 말했을 때
가슴이 아프다

내가 가야 할 길이라면
눈물이 심장까지 흘러 들어와도
견디며 살아가야 한다

외로워지는 날에는

사랑마저 구겨져 버려
외로움에 소름 끼치는 날은
늘 네 생각이 먼저 들었다

문득 떠올라도 기분이 좋아지는
너를 만나 사랑을 하고 싶다

어디에 있는가 어디에 살고 있는가
서로 좋아했던 우리가
모르는 사람처럼 떨어져 있어
수없이 찾아가도 헛발질이었다

걱정을 털어놓지 못해 서글퍼지는 날은
허둥대며 미치도록 보고 싶었다

얽힌 매듭을 풀지 못해 외로운 날은
마음은 헝클어져도 정이 그립고 보고 싶어
네 생각이 가장 먼저 났다

아쉬움

살다 보면 지나고 보면
무언가 부족하고
무언가 허전하고
무언가 빈 듯한 아쉬움이 있다

아, 그랬구나 그랬었구나
그때 그러지 말고 잘할 걸 하는
후회스러운 마음이 생긴다

마음으로 느끼지 못하다가
지나고 나면 떠나고 나면 알 것 같다

그런 아쉬움이 있기에
우리들의 삶은 그만큼의 그리움이 있다
그만큼의 소망이 있다
그만큼의 사랑이 있다

푸념

고독이란 것 말야
아직도 사랑의 흔적이 남아 있다는 거야

쓸쓸하다는 것 말야
아직도 동행의 여운이 남아 있다는 거야

허전하다는 것 말아야
아직도 충만했던 느낌이 남아 있다는 거야

괴롭다는 것 말야
행복했던 순간들을 다시 찾고 싶다는 거야

포기해서는 안 되는 거야
아직 이런 감정들이 살아남아 있잖아

다시 시작하는 거야
더 멋진 일이 일어날 거야

다시 시작하는 거야
더 신나는 일이 일어날 거야

고독에 휩싸이는 날이면

고독에 휩싸여 창문에 머리를 대고
거리를 바라보면 왠지 눈물이 난다

내 마음엔 그리움이 많아
이렇게 홀로 고독해지는 순간이면
언제부터 모아두었던
눈물이 이토록 많은지
비가 내리듯 주룩주룩 흘러내린다

이런 날이면 미친바람이라도 불어
너에게 날아갔으면 좋겠다

고독에 휩싸이는 날이면
심장 속으로 파고드는 고독이 깊다

아무리 눈물을 흘려도
내 가슴만 적시는 눈물이기에 안타깝다

쓸쓸함

누가
자정이 지난 시간에
어둠을 밝히고 있는
가로등보다
더 쓸쓸할 수 있을까

홀로 바닷가를 거닐어 보았습니까

홀로 바닷가를 거닐어 보았습니까
밀려오는 파도에
발을 적시며
무슨 생각이 났습니까

그리움이 몰려와서
울고 싶지는 않았습니까

홀로 바닷가를 거닐어 보았습니까
수평선 위를 막 넘어가는
해를 바라보며
무슨 생각을 했습니까

보고픔이 밀려와서
사랑하는 이의 이름을
부르고 싶지는 않았습니까

홀로 바닷가를 거닐어 보았습니까
갈매기 몇 마리 춤추듯
날아가는 것을 보고
무슨 생각을 했습니까

바닷가를 빨리 떠나
사랑하는 이에게
달려가고 싶지 않았습니까

커피로 적시는 가슴

나도 모를 외로움이
가득 차올라
따끈한 커피 한 잔을
마시고 싶은 그런 날이 있다

구리 주전자에 물을 팔팔 끓이고
꽃무늬가 새겨진 아름다운 컵에
예쁘고 작은 숟가락으로
커피와 프림 설탕을 담아

하얀 김이 피어오르는
끓는 물을 쪼르륵 따라
그 향기와 따스함을
온몸으로 느끼며
삶조차 마셔버리고 싶은
그런 날이 있다

열정의 바람같이
살고픈 삶을 위해
따끈한 커피로
온 가슴을 적시고 싶은
그런 날이 있다

고독이 떠나지 않는 날

벨도 누르지 않고 기척도 없이
찾아온 고독이 떠나지 않는 날에는
풀잎이 이슬에 젖듯이
커피에 입술을 적시며 마신다

고독은 삶의 갈등인가
서서히 타들어 가는 마른 목숨에
나이가 들어가며 목마름이
순간순간 찾아온다

고독이 문을 잠근 날
마시는 커피 한 잔은
깊은 사색과 침묵의 세계로
나를 안내한다

사랑 그 그리움

내가 하고픈 사랑이 아직도
꽃 피지 못하였기에
사랑 그 그리움이 남아있다

사랑을 하면
꽃 피고 열매를 아름답게
맺어야 하는데
내 사랑은 언제나 머물러 있다

사랑을 하면
행복하고 즐겁고 기뻐하며
감동 속에 살아야 하는데
내 사랑은 부족하기만 하다

내가 하고픈 사랑은 아직도
꽃 피지 못하였기에
사랑 그 그리움이 남아있다

깊고 깊은 밤에

모든 소리마저 잠들어버린
깊고 깊은 밤에
생각이 꼬리를 물고 늘어져
잠들지 못한다

멀리 떨어져 있는
그대 얼굴은 자꾸만
내 가슴속을 파고든다

그대 생각 하나하나를
촛불처럼 밝혀두고 싶다

그대가 멀리 있는 밤은
더 깊고 어둡다

멀리 떨어져 있으면서도
밤마다 나를 찾아오는
이유는 무엇이냐

지금도 사방에서
그대의 목소리가
들려온다

인생이 무대에 올려진 연극이라면

인생이 무대에 올려진 연극이라면
맡겨진 연기에 정열을 다하여
열연하고 싶다

순간순간 관객들의
박수를 받을 수 있도록
온몸이 땀에 젖도록 연기한다면
연극이 절정에 달할수록
박수와 환호는 더 커질 것이다

처음 무대에 설 때는
무대에 익숙하지 않고
연기마저 서툴러 실수를 연발하고
대사마저 잊어버려 울고 싶겠지만
모두 다 처음에는 그렇게 시작할 것이다

연기가 익숙해질수록
멋과 낭만을 즐기고 싶다
모든 연기가 끝나고
무대에 들어선 연기자들에게
막이 내려가기까지 박수 치는 관객의
뜨거운 감정을 온몸으로 느끼고 싶다

우리들의 인생은 그런 멋이 있어야 한다
삶의 마지막까지 박수받을 수 있어야 한다
우리들의 인생이
단 한 번 무대에 올려진다면
오늘도 멋진 연기를 해야 하지 않을까

외로움을 느낄 때

외로움을 느낄 때
혼자란 생각이 들었을 때
나는 도리어
모든 것에서 떠나고만 싶었다

사랑에 굶주린 마음이
여름 가뭄에 갈라진
논바닥마냥 쩍쩍 갈라지는
소리가 나는데

눈에서는 보이지도 않는
눈물이 자꾸만 쏟아져 내렸다

가로등 불빛이 빛을 더 발하고
밤하늘에 별 하나가
유난히 빛이 쏟아져 내렸다

나는 모든 것에서
떠나버리고만 싶었다

죽음 같은 고독

밤 깊은 그 어둠 속에서도
너의 얼굴이 또렷이 다가온다
잠들지 못하는 밤이면 더 그렇다

내 온몸을 홀로
끌어안고 있어야 하는 날이면
너는 내 가슴에
화살처럼 들어와 박혀 있다

칠흑 같은 어둠이
죽음 같이 고요한데
멀리 있는 너는 아무 말이 없다

깊은 밤
죽음 같이 고독이
나와 함께 잠들려 한다

괴로운 세상

정말 힘들지 포기하고 싶지
모든 것이 귀찮아 훌쩍 떠나고 싶지
괴로워서 죽고 싶지
그렇지만 인내하며 견디어보자

세월이 흘러서 지나고 보면
모든 것이 지난 일이 된다

힘들고 괴로웠던 순간들도
아마득하게 멀어져가고
그리워지는 추억이 되고 말 테니
기다리자 좀 더 기다려보자

밉지 모든 게 싫지
탈탈 털어버리고 뒤집어엎고 싶지
꼴도 보기 싫지 그렇지만 참자 참아보자
떠나고 흘러가면 모든 것이 옛일이 된다

홀로 힘든 세상이지만
홀로 괴로운 세상이지만
힘을 내어 살아가자
오늘의 깊은 슬픔도
어쩌면 아름다운 추억으로 남을 것이다

혼자 남아 있을 때

혼자 남아 있을 때
외로워 숨죽여
울고 싶을 때도 있다
혼자 남아 있을 때
생각해 보라

인생이 어떠한가
그렇게 대단해 보이던 것들도
별것 아닌 것들이다

허겁지겁 핏대 올리고
목숨 걸고 해보겠다고
난리를 치던 것도
별것 아닌 것으로
보일 때가 있다

사람들은 곰곰이 생각하면
별것 아닌 것으로
다투고 싸우며 살아간다
멀찍감치 떨어져서 보고
관조하여 보면 별것 아닌데
대단한 일이라도
할 것처럼 난리를 친다

혼자 있을 때 생각해 보라
언제나 함께하겠다던 사람들도 떠나고
쓸쓸하게 홀로 남아 있지 않은가?

밤낚시

밤새 고기를
낚으려 했더니
고독만 낚였다

고독하다 이 세상은

고독하다 이 세상은
세상 살아감이 어쩌면 하나같이
꿈꾸는 듯하더니 돌아서니 멀어진다

모두 만날 때는 한바탕 그럴듯하게
버릴 것 같더니 이내 잊혀버린다

한 사람 한 사람 내놓으라 하며 살고파 하지만
모두 다 가야 할 사람들
그대의 기억 속에 잊힌 사람들처럼
우리 또한 그대를 잊노니

고독하다 이 세상은 참으로 고독하다
소문 없이 태어나
소문 없이 떠나가는 인생 속에
알면 알수록 느끼면 느낄수록
이 세상사가 허망한 것을
모른 척 사노라니 인생은 참으로 고독하다

고독 1

세상이 너무 조용하다
날 부르는 소리가 없다
날 찾는 사람이 없다

고독이 온몸을 꽁꽁 묶어
어쩔 수 없이
내 마음은 외로운 섬이 되었다

세상은 넓은데 사람들 속에서
나만 혼자 갇혀버려
가끔 뼈마디에서 신음이 난다

입술을 깨무는 아픔 속에
내가 내 안에 갇혀
누가 찾아오기를 바라는
마음의 오지에 있다

홀로 벤치에 앉아있을 때
고독이 찾아온다

고독 2

내 머리가 깊은 생각에 몰입하여
깊이 빠져버렸다

나만이 알고 있는 지독하고
처절하고 견딜 수 없는 고독

형편없는 몰골로 고독의 첫 줄에
내가 울고 서 있으면
자꾸만 울음 표가 생기고
눈동자 속에 슬픔이 보인다

밤이 깊으면 속이 타
고독이 더욱 깊어져 가고
커피가 아니라 고독을 마신다

꼭꼭 닫혔던 마음의 옷깃을
단추를 풀어놓으며
나는 시를 쓴다

달빛이 선명하게 밝으니
고독이 뚜렷해진다

고독 3

한밤 깊은 어둠 속에
고독이 쌓여 가는데
혼자 들고 있는 술잔은 쓸쓸하다

밤은 깊어져 가고 바람은 불고
파도는 세차게 몰아치고
마음은 구겨지고 큰 구멍이 뚫렸다

모든 문이 닫히고
온갖 생각이 들끓어
가슴을 찌르는데
마음에 울타리를 쳐놓고
망망한 외로움 속에 혼자 남았다

단풍 든 잎이 떨어진 만큼
고독이 수북하게 쌓여간다

마음이 흔들리는데
잠시 잠깐 붙잡아 줄 사람이 없어
고독의 끝에서 너를 만나고 싶다

책을 읽어도 외로워
고독할수록 추울수록
따스한 모닥불이 그립다

외로운 날이면

외로운 날이면
그 외로움이 온몸을 덮어와
온밤을 뒤척이며
그리워하는 이가 있습니다

내 마음은 사랑하는 이를 따라
나서고 싶어 하지만
이렇게 멀리 떨어져 있어
그리할 수가 없음이
괴롭고 안타까울 뿐입니다

우리가 서로 뜨거운 숨결로
사랑하는 마음을 알 수 있기에
만나면 마음이 잘 통하는 것입니다

외로운 날이면
왜 더 그리워지는 것일까요
세상이 다 떠내려가도록
쏟아져 내리는 비가
내 눈물만 같아서 더 슬퍼집니다

외로운 날이면
사랑한다는 것이
이토록 내 가슴을
사정없이 때리고
고통으로 다가옵니다

어디로 갈까

어디로 갈까
외로워서 너무 외로워서
무작정 뛰쳐나왔지만
정작 갈 곳이 없다

누군가 부르는 것 같은데
누군가 만나야만 할 것 같은데
가야 할 곳이 없는
낯설고 서툰 외로움을 어찌할까

고독한 손으로
가슴을 쓸어안아도
울분에 눈물만 터지고
아무 소용이 없다

애타는 슬픈 호소를
누가 받아줄까
왜 쓰라린 슬픔이
내 것이 되어야 하는가
어디로 갈까

비 내리는 창밖을 바라보며

내 마음을 통째로
그리움에 빠뜨려버리는
궂은비가 하루 종일 내리고 있습니다

굵은 빗방울이
창을 두드리고 부딪치니
외로워지는 내 마음이 흔들립니다

비 내리는 창밖을 바라보면
그리움마저 애잔하게
빗물과 함께 흘러내려
나만 홀로 외롭게 남아있습니다

쏟아지는 빗줄기로
모든 것들이 젖고 있는데
내 마음의 샛길은 메말라 젖어들지 못합니다

그리움이 얼마나 고통스러운지
눈물이 흐르는 걸 보면
내가 그대를 무척 사랑하는가 봅니다

우리 함께 즐거웠던
순간들이 더 생각이 납니다

그대가 불쑥 찾아올 것만 같다는 생각을
지금도 하고 있습니다

창밖에는 비가 내리고 있습니다
그대가 보고 싶습니다

사람들의 눈빛에서

사람들의 눈빛에서 따스한 사랑을 만날 때
그 마음이 내 마음에 전해져 행복합니다

사람들의 눈빛에서 마음의 칼날을 만날 때
내 마음이 가위에 눌려 불안합니다

사람들의 눈빛에서 끈적끈적한 욕망을 만날 때
상처와 고통이 두려워 돌아서고 싶습니다

사람들의 눈빛에서 거짓과 거짓을 만날 때
가슴이 점점 더 싸늘해져서 벗겨내고 싶습니다

사람들의 눈빛에서 순박함을 만날 때
내 마음도 착해져 따뜻해집니다

사람들의 눈빛에서 절망의 아픔을 만날 때
그를 위하여 간절히 기도하고 싶습니다

사랑이 떠난 후에

이제야 알 것만 같습니다
사랑이 떠난 후인 지금

우리 다시 만나
사랑을 만들어갈 수 있다면
얼마나 좋겠습니까

그리움만 있으면 무얼 합니까
가까이 다가가 사랑하고만 싶습니다

언젠가 꿈도 사랑도 다 이루지 못하고
미완성으로 끝나야 할 우리들의 삶

미완성의 사랑이 아름답다고 하지만
우리의 사랑은 다시 이루어지는
사랑이었으면 좋겠습니다

고독을 아는 사람이

고독을 아는 사람이
사랑을 안다

고독하다는 것은
사랑하지 않는다는 것이다

홀로 힘겹게 살아가는 것은
밑 빠진 독에
물을 쏟아붓는 것과 같다

내 삶도
향기 나게 하고 싶다
살아갈 이유를 만들고 싶다

벅찬 사랑을 받아
힘찬 감동을 만들어야
행복한 이야기들이 쌓여간다

사랑을 하면
모든 움직임이 아름다워진다

고독하지 않기 위해
내 사랑이 걸어갈 길을
만들어야 한다

고독이라는 열병

외로움이
마음을 산산조각나게 만드는
이 가을엔 피가 뜨거워져
고독이 열병을 앓는다

다 잊어졌나 했는데
가을바람이 내 마음에 불어와
숨이 다 막혀버린 듯 답답해
외롭다는 말이 온몸을 감싼다

삶이 너무나 평범한 것 같아
벗어나고 싶다

타오르듯 붉어지는 단풍잎처럼
마지막까지 물들어 사랑하고 싶다

이 가을엔
흐르는 세월이 안타까워
눈물만 질퍽거리는데
벌레 우는 소리조차 구슬프게 들린다

날마다 반복되는 일상에서 벗어나
누구와 사랑을 할까
한순간만이라도
내가 원하는 사랑을 하고 싶다

지금껏 살아온 날들을 돌아보면
후회만 가득한데
바람 불어오는 곳으로 떠나고 싶다

외로움 탓에

외로움의 틈새로
불어오는 바람을 막을 수 없다

오지 않을 것을 알면서도
머뭇거리고 서성거리다가 놓쳐버리고
후회하지 않도록
발목을 잡아 놓아야 한다

골이 깊고 깊을수록
흘러가 버린 세월 속에서도
문득문득 뒤돌아보아도 좋도록
남아 있는 것은 사랑했던 날들이다

허겁지겁 살수록 마음 붙일 곳이 없을 때
촘촘히 드러나는 외로움 속에 빠져들어
고통 속에 살지 말아야 한다

얼핏 잊는 것이 아니라
영원히 잊지 않도록
인연의 끈으로 묶어
늘 설레고 가슴이 뛰도록
자꾸만 보고 싶게 만들어야 한다

발끝을 세우고 올 만한 곳을
바라보고 싶도록
마음이 텅 비고 까닭 없이 눈물이 나
밀려오는 외로움 탓에
간절하게 사랑하고 싶다

네 기억의 창고에 사랑으로 남고 싶다

만남 속에 흐르는 시간이
다시 돌아오지 않는다는 것을
일찌감치 깨달았다

언젠가 떠나갈 것을 알기에
아쉽고 안타까워 야위고 쇠약해졌다

시간이 흐른 후에
홀로 남아도 후회하지 않을
아름다운 순간을 만들고 싶다

이 순간만큼은 행복하기에
머릿속을 떠도는
잡된 생각은 다 잊고 싶다

네가 살고 있는 세상에
살고 있다는 것만으로도
존재할 수 있다

삶이란 아름다운 추억들을
기억 속에 남겨 놓는 것이다

떠나가면서 남긴 말

떠나가면서 남긴 말
"행복하세요!"
이 한마디 속에 얼마나 많은 아픔과
고통이 있는 줄 알고 있습니다

떠날 수밖에 없는 나도
할 말은 똑같은 말입니다
"행복하세요!"

삶에서 떠나는 것도
미워서 떠나는 것도 아니기에
만나는 동안 행복했습니다

다시는 만날 수 없어 등 돌리고 떠나면서
나눌 수 있는 말은 똑같습니다
"행복하세요!"

마음속 깊은 곳에서
친절과 너그러움으로
누군가 기억해 준다는 것은
행복한 일입니다

아무도 모르게

낡아버린 신발을 신다가
구겨진 내 삶처럼 보여 울고 싶었다

봄날 햇살이 살아 춤추듯
아수라장 욕망이 뜨겁게 타올라
하늘만 알고 아무도 모르게
죄를 저지르고 싶었다

어수선하고 혼잡한 생각 속에서도
한심하다는 생각에
퍼뜩 정신이 날 만큼
온몸이 굳었다

위로받을 수 없는 고통

한숨에 갇혀 구겨지고 상처 난
아픔의 파편들이 마구 찔러올 때
고통을 어떻게 이겨낼 수 있을까

통한의 세월 동안 소리 없는 흐느낌으로
참았던 아픔이 피를 토할 만큼
한꺼번에 터져 나왔을 때
절망을 어떻게 참을 수 있을까

누구에게도 말할 수 없는
핥고 꼬집으며 괴롭히는 상처가
얼마나 독한 독을 품고 있는지
질색하며 비명을 지르고 싶다

타인의 아픔에 시시덕거리는
냉혹할 만큼 싸늘한 세상을 살며
퍼덕이는 고통을 위장하기 위하여
웃으며 보낸 날들을 위로받을 수 없다

외로움의 벽

혼자 살면
외로움의 벽이 높아진다

밤마다 방 안에 혼자 갇혀
말할 사람도 없고
커피 한 잔 같이할 사람도 없고
밥을 함께 먹을 사람도 없다

혼자 살면
고독의 벽이 두꺼워진다

외로워서 혼자 말하고
혼자 텔레비전 보고
혼자 핸드폰 검색하고
혼자 책보다 고독에 빠져버린다

혼자 살면
집이 혼자만의 감옥이 된다
고독에 갇혀
외로움의 벽이 자꾸만 높아만 간다

살아가는데 어찌 괴로움이 없을까

살아가는데 어찌 괴로움이 없을까
어떻게 살까
어떻게 살까
사는 것이 아니다

한평생 살다 가는 길에
사랑하며 사는 것이 당연한데
이별이란 말에 꼭 끼여 괴로워하는가

세상살이 비집고 들어가야만 살 것 같고
꺾어버리고 이겨야만 살아있는 것 같아도
모든 것을 훌훌 털어버리고
아수라장 같은 삶 속에서
휴식을 찾아야 한다

하지 않아도 될 걱정 속에
한동안 말을 잃고 살았다
우울증이 번져
절망의 찌꺼기가 괴롭혀
웃고 싶은데 눈물만 쏟아졌다

아직도 뜨거운 숨결이 남아 있는데
장난질 치지 마라
계곡물도 강물로 흘러가려면
몸 비틀어 흘러가는데
살아가는데 어찌 괴로움이 없을까

어디로 가야 하는가

어디로 가야 하는가
가야 할 방향을 잃어
이따금 헤매고 싶은 것이
삶인가 보다

무엇을 얻고
무엇을 잃고 살아가는지
즐거운 일이 없어
허전함이 번지는 날은

이대로 살아가다가 끝나고 나면
그 서러움을 어찌할까

뼛골이 쑤시도록 열심히 살아보아도
때로는 지친 마음이 몰려와
늘 빈자리가 남는다

사는 기쁨을 종종 느끼며 살아가는데
자꾸만 서글픈 생각이 들어
심장이 멎을 것 같다

모질게 죽지 않고 살아남아서
어디로 가고 있는지 알고 싶다

외로움을 묶어 던져버리고 싶은 날

사방이 꽉 막혀 다가갈 수 없고
가슴이 저려와
외로움을 묶어 던져버리고 싶은 날

가버린 세월 오는 세월에
떨어져 있는 거리가 아득하고
멀게만 느껴져 서글픔을 풀어내고 싶다

길고 긴 설움에 빠져 두 눈에
눈물을 덕지덕지 붙여놓지는 말아야 한다
가까이 있어도 멀리 있어도
외로움은 마찬가지다

산다는 것이 이런 것인가
풀지 못할 수수께끼 같아 물음표가 찍힐 때
어디론가 사라져 버리고 싶어 울고 싶을 때
스쳐가는 바람만 불어도 좋았다

뒤돌아보지 마라

그리움뿐이다
슬픔뿐이다
아픔뿐이다
절망뿐이다
고독뿐이다

돌아갈 수 없는
그 길을 바라보지 마라

설움이 가득한 날

꽉 잡은 것을 놓쳐버린 듯
막연한 슬픔이 가득한 날은
어깨가 짓눌리고 힘에 겨워 한숨이
천장에 걸리고 머리통이
터져나갈 것 같다

거친 숨 힘껏 몰아쉬며
모진 목숨마저 꺾어 놓아야 할 텐데
가슴에 맺힌 한이 잇달아 부딪쳐
힘없이 저당 잡힌 몸이 되었다

극도로 예민해진 마음 한 번
제대로 달래보지도 못하고
시련 속에 울음을 배운 탓인지
아무 때나 고이는 눈물을
애처롭게 흘린다

밀리고 떠밀려서
잔혹하게 트집 잡히고
발목 잡혀 살아온 듯
충격과 혼란을 몰고 와
지겹도록 한이 될 텐데
눈 질끈 감고 실컷 울어야
슬픔의 계단에서
내려올 수 있을 것 같다

허무

캄캄한 절망에 방치되지 않고
머릿속이 혼란스럽지 않게
잔잔하게 조용히 살고 싶다

자아마저 망각하지 않고
끔찍하고 지저분한 마음 가다듬어
편안하게 살고 싶다

짓궂은 놀림에 시달려
처연하게 기죽고 풀이 죽어
무력하게 살고 싶지 않다

혼란스럽게 비비 틀어 올려도
감정에 휘말려 꼬이지 않고
다 잘 풀어 나가며 살고 싶다

끝내 다른 곳으로 눈 돌려도
곰곰이 다시 읽어보며
숨죽여 지켜보려고 해도
야박하게 세월만 흘러간다

홀로 남아 있던 날

홀로 남아 있던 날
마음을 톡 쏘는 그리움이
끔찍한 기억이 되어 서로 삐걱거려
미치도록 외로워서
들리지도 않을 속울음을 울었다

눈물범벅이 되도록 외로울 때는
서글서글한 눈빛으로 대해주는
아주 작은 친절에도
마음이 가분하도록 감동한다

삼킬 수도 없는 절망 속에
끈덕지게 감겨오는 외로움은
야박스럽고 우울하고 안타까운
치유할 수 없는 서글픈 상처다

추억 속에 찔러 넣었던
그리움이 파도치듯
밀려올 때면 투명한 마음에
자맥질이라도 하고 싶어
마냥 뿌듯해졌다

외로움이 절박해
가슴이 뜨거울 때면
쓸쓸함이 몰려와
영원히 간섭할 수 없도록
흩어져버린 사람이 사뭇 섭섭했다

고독한 날에 마시는 커피

고독이 가슴에 저며오는 날
우울한 생각이 몰려와
후끈후끈 쑤셔오던 상처가 곪아 터지면
왠지 모를 적막감에 휩싸인다

불러낼 사람 하나 없고
만나줄 사람조차 없을 때
심한 충격에
어깨의 무거움을 느껴진다

자판기 커피 한 잔 뽑아 들고
창밖을 바라보면 부쩍 생각나
컵까지 질근질근 씹어가며 마신다

막막한 외로움이 실핏줄까지 퍼져
가슴에 온통 응어리가 뭉치면
엉켜있던 서러움의 찌꺼기들과
으슥한 구석에 쌓여있던
울분을 떨쳐버리고 싶다

손끝에 와 닿은 것 하나 없고
뼈가 시릴 때 어색한 웃음 속에
고독이 진득진득 달라붙을 때
친구가 되어주는 커피가 눈물 맛이다

고독의 길

고독의 길이 쭉 뻗어나가면
또 다른 이유와 변명을 불러들여
독한 괴로움에 갇혀버리고
고독의 바닥을 긁어대면 외로움만 나온다

고독하다는 말을 수없이 되씹으면
가슴에 쓸쓸함이 가득해지고
고독의 강도가 점점 더 높아진다

혼자 밥 먹기가 싫어
텔레비전을 틀고
사람 목소리를 들어야
밥이 입에 들어간다

혼자 있기가 싫어
혼잣말을 지껄이며
집 안을 돌아다니고
커피 잔 수가 자꾸 늘어간다

하루빨리 고독의 길에서
고독을 훌훌 털어버리고 벗어나
진정으로 원하는 삶을 살아야겠다.

고독해서 눈물 흘리는 것이 싫어
고독의 길에서 벗어나 목숨 다하는 날까지
사랑하며 함께 멋지게 살아야겠다

절벽

막막한 삶의 절벽이 보일 때
어떻게 해야 대처할 수 있을까

눈앞이 캄캄하고 주저앉아
통곡하고 싶도록 막연하고 답답해
수많은 생각이 주마등처럼 떠오른다

절벽이 너무 높을 때
절벽이 너무 가파를 때
그냥 포기할까 하는 생각이
파도처럼 밀려오고
두려움이 아주 검게 엄습해 온다

삶의 절벽은 삶 속에서
누구나 만나고
절망에 빠지게 한다

절벽을 올라가는 사람도 있고
절벽을 뚫어 문을 만들어 가는 사람도 있고
절벽을 돌아가는 사람도 있다

절벽을 통과하면
놀라운 체험과 경험 속에
삶은 한층 더 강해지고
한층 더 성숙해진다

고독의 비

고독의 비를 한바탕 맞은 듯
고독에 젖고
고독에 빠져 버렸다

고독에 젖어버린 밤은
더 외롭고 쓸쓸하다

내 마음 한구석에 자리 잡던 고독이
고독이 온몸에 퍼져버려
온 마음이 고독하다

나에게 찾아왔던 시간이
새처럼 날아가고 고독만 남았다

고독이
쓸쓸하게
외롭게
처절하게 내 마음에 꽉 찼다

내 마음이 고독의 비를 맞은 듯
고독에 젖어 있다

고독이 내 마음속에서
굳어져 외로움이 된다

혼자 살면

혼자 살면 새롭게 변화하는 삶이라
편안하고 좋은 줄만 알았다
혼자 살면 어느 사이에
어느 사이에 허전함이 자리를 잡더니
허무가 슬금슬금 쳐들어오더니
외로움 속에 고독이 가득찼다

넓은 세상에 혼자라는 감옥에 갇힌
고독은 참으로 가슴 저리고 쓸쓸하다

외로워서 사랑을 구걸하는 것도 초라하고
쓸쓸해서 사랑을 애걸하는 것도 부질 없다

같이 사는 것이 복작거려도 행복하고
함께 사는 것이 즐겁고 기쁘다는 것을 알았다

편한 것도 좋지만 힘들고 어려워도
함께하며 어울려 사는 것이 행복한 삶이다

마음이 허전한 날은

마음에 구멍이 숭숭 뚫린 듯이 허전한 날이면
허망한 생각들이 머리에 가득해지고
쓸데없는 것들을 뒤적거리며
무언가를 찾고 싶어 한다

무엇이 그렇게 그리운지
무엇이 그렇게 아쉬운지
마음을 빼앗기지 않으려고
누덕누덕 기워놓아도
흔들리는 걸 막을 수 없다

보이지 않도록 먼 곳에서 무슨 힘으로
내 마음을 불질러 놓았는지 환장할 정도다

마음이 허전한 날은
끊어진 세월을 이어놓듯이
깊은 잠에서 깨어난 듯
너를 보면 생기가 돌 것 같다

빈 의자

빈 의자는 허전하고 외롭다

누군가 같이 하고
누군가 함께하며
앉아주기를 기다리고 있다

아무도 찾아와 앉지 않으면
외면당한 것 같고
버림당한 것 같고
쓸모없어진 것 같아서
초라하고 외롭다

빈 의자는 누군가를 기다리며
쓸쓸하고 외롭다

서러움

그럴 수도 있다
누구나 약점도 있고 실수를 한다

몰랐다
꼼꼼한 배려를 생각하지도 못했다

말 한마디가
얼마나 눈물이 나도록 행복하게 만드는지
말 한마디가
얼마나 돋보이게 하고 소중한지 몰랐다

그때 위로해 주는 말 한마디만
감싸주는 말 한마디만 했더라면
오랜 세월이 흘렀어도 감사한다는 말
고맙다고 말할 수 있다

잊혀졌다는 것이
서러운 것이 아니라
외면당했다는 것이 서럽다

상처가 있을 때

형편없이 구겨지고 뭉개진
마음의 고통에 찢겨나간
상처의 깊이만큼 애처롭게
울음을 토해놓는다

모든 것이 떠나 가버려
뇌수에 슬픔이 고일 때
진실하게 살고픈 솔직한 이유를 만든다

아픔을 긁어내려고
딱지를 떼는 지독한 괴로움이
도리어 강하게 만든다

강한 사람은 무수한 슬픔 속에서
자신의 상처를 회복하고
다른 사람의 상처를 감싸줄
깊고 넓은 마음을 갖고 있다

심장마저 피곤해 한숨이 가득하고
피멍울이 아파 괴롭고
눈물이 아른거려도
기가 죽으면 안 된다

마음을 끈질기게 보듬어 안고
상체를 꼿꼿이 세우고 받아들이면
덜어야 할 짐도 사라지고
애잔한 추억은 아련하게 물들어간다

혼자 서럽다 울지 마라

혼자 서럽다 울지 마라
너만 서러운 듯 눈물을 쏟아내지 마라
이 세상에 서러움 없는 사람이
어디 있느냐

너도 너만큼의 행복을 누리고 사는데
부족함만 탓하면 무슨 소용이냐
태양이 떠올라도
어둠은 늘 한구석에 남아있다

혼자 서럽다 울지 마라
혼자만 불행한 듯 떠들어대지 마라
이 세상의 고통 없는 사람이
어디 있느냐

너도 웃을 만큼의 기쁨은 있는데
허전함만 들춰내면 무슨 소용이냐
둘러보고 살펴봐라
행복한 사람들도
마음 한구석에
슬픔을 숨겨두고 산다

슬픈 상처

생각하면
눈물 나도록 행복하게 살아도
짧은 삶이다

고독을 깊이 눌러쓰고 있으면
내 마음 갈피갈피 사이로
그리움이 몰려오는 것은
이룰 수 없는 사랑이기 때문이다

속 썩어 짓무르고 터져서
슬픔인 듯 아픔인 듯 가슴 저리도록
안타깝게 살아도 짧은 삶이다

미련을 펼쳐놓고 있으면
즐거움 속에 괴로움도 남아 있어
얼룩진 상처가 너무 크다

몸이 아플 때

혼자 살다 힘들고 지쳐서
몸이 움직일 수 없을 정도로
아플 때 슬픔을 못 이겨 눈물이 난다

혼자 사는 자유를 얻으려다
병에 걸려 갇히니
밥을 먹을 기운도 없고
병원에 가기도 힘들고
몸을 움직이기조차 힘들 때
정말 슬프고 외로워 눈물이 난다

내가 혼자였구나
내 곁에 아무도 없구나
혼자 사니
아플 때가 힘들고 괴롭다

혼자 살면
세상 편할 줄만 알았는데
병드니 고독하고 외롭다
몸이 아픈데 마음까지 아프니
정말 눈물이 쏟아지도록
서글프고 외롭다

돈이 없을 때

혼자 살다가 돈이 똑 떨어져
수중에 한 푼도 없을 때
인생이 참 비참하다는걸
가슴으로 느끼고 실감한다

돈을 빌릴 때도 없고
아쉬운 소리 하러
찾아갈 곳도 없고
당장 일할 곳도 없을 때
어찌 살아야 하나
막막하다

못난 인생이라 생각하며
신세타령 팔자타령 아무리 해보아도
해결될 일이 아니다

세상에 많고 많은 게 돈이라는데
왜 나에게만 이리도 야박한 세상인지
한탄과 푸념만 쏟아져 내린다

어찌 살아야 할까
어떻게 살아야 할까
막연하기만 하고 해결할 길이 없다

이럴 때 혼자 사는 팔자가
비참하고 초라하고 불쌍하다

나 홀로 남아

망망대해에 배 한 척 외롭게 떠 있듯
나 홀로 남아있다

삶이 서툴러 늘 죄지은 듯한 마음이
명치끝까지 저려올 때 괴로워진다

삶이 어설퍼 모든 것이 두려워질 때
몸은 자꾸만 숨고 싶은데
생각은 더 멀리 달아나고 싶어한다

혼자 있는 것은 두렵고 고독하다
아무도 찾아와 주지 않는다면
절망이다

나 홀로 남아 있는 것이 싫다
해가 지면 다시 찾아오는 어둠처럼
고독이 다시 찾아오고 있다

차가운 손

비정하고 차디찬 눈매에
슬픔이 흘러내렸다
끝내 알 수가 없어
상처 난 마음이 찢어져 내렸다

꿰맨 매듭이 터져버려도
닫힌 마음 두드려도 열리지 않는다

갈망의 몸짓으로
남루해진 고독이 병이 되어
온몸을 앓아 불어오는 바람마저 외로웠다

시련을 이기는 법을 몰라
살아가는 날들을
얼룩지고 비참한 날로 만들었다

깊게 잠들었던 사랑의 기억이 깨어나면
차가운 손을 잡아주고 싶다

어둠 속의 고독

사랑했던 것들을
아끼던 것들을
보살폈던 것들을
매정하게 끊어버려야 할 때
마음은 무겁고 고독하다

밤이 깊어져 갈수록 계속해서
어둠을 뱉어내
불빛도 보이지 않았다

숨고만 싶었다
하늘의 별들도 젊은 날
지친 보초병의 어깨에 멘
총의 무게보다
어둠 속의 고독이 더욱 무거웠다

가슴 속의 멍

가슴 속의 멍은
눈에는 보이지 않는데
쉽게 지워지지 않고
몹시 걸리고 고통스럽게 아프다

그리움의 멍은
밖으로는 보이지 않는데
쉽게 사라지지 않고
몹시 심장이 조여들고 괴롭다

지금이라도
사랑만 하면
가슴의 멍이 사라지고
고통의 아픔도 나을 것 같다

가슴에 가득한 고독

잘 자란 나무처럼
크게 두 팔을 벌려
그대를 품에 안으려 했지만
그대는 품 안에 없다

내 마음에 그대가
자꾸만 다가오는데
눈에는 보이지 않고
너무나 멀리 있는 듯 느껴진다

그대의 눈빛이 차가워지고
그대의 모든 말이
지킬 수 없는 거짓이 될 때
우리는 만남에서
따뜻한 체온이 사라질 때

아무리 입술을 깨물고
참으려 해도
잊으려 해도
고독이 가슴에 가득하다

혼자 식탁에 앉으면

혼자 쓸쓸하게 밥 먹으려고
식탁에 앉으면
밥을 먹는 것이 아니라
때로는 외로움을 먹는다

같이 밥을 먹을 사람
함께 커피를 마실 사람
같이 이야기할 사람
같이 해줄 사람이 있다는 것은
행복한 일이다

혼자 적적하게 밥 먹으려고
식탁에 앉으면
밥을 먹는 것이 아니라
때로는 눈물 먹는다
때로는 고독을 먹는다

혼자 먹는 밥상

혼자 먹는 밥상은
텅 빈 듯 허전하고
왠지 밥맛이 없다

음식은 여럿이 같이
먹을 수 있는 것은
행복이고 은총이다
음식은 같이 먹어야
맛을 더한다

혼자 밥상 앞에 앉아있을 때
외로움이 몰려오면
밥이 아니라
고독을 먹을 때도
눈물을 먹을 때도 있다

홀로 남을 때

홀로 남을 때
밤하늘 바라보다 그리움에 목말라
힘들어 견디기 힘들었다

시간이 흐르면 흐를수록
고독이 마음을 빼앗아
목메어 부르고 싶어
힘들어 견딜 수가 없다

홀로 남을 때
내 마음에 보고 싶음이 말려와
먼 산을 바라보다
쓸쓸해서 견디기 힘들다

세월이 흐르면 흐를수록
고독에 마음을 빼앗겨
목메어 부르고 싶어 견딜 수 없어
힘들고 고달파서 괴롭다

빈 잔 가득

창밖에는
바람이 고독에 몸서리치듯
세차게 불어오는데
진한 커피가 오랜 목마름을
채워줄 수 있을까

커피가 자꾸 생각나는 것은
고독하다는 것이다
잊으려 해도
자꾸만 되살아나는
그리움을 어찌할까

뜨거운 커피가
반 잔 가득 채워졌다
내 마음에도 가득 채워졌다

목덜미로 흘러내리는
진하고 뜨거운 커피 한 잔으로
내가 살아있음을 느낀다

외로움을 달래줄 수 있을까

낯선 땅에서 마시는
커피 한 잔이
외로움을 달래줄 수 있을까

여독에 오래도록 찌든 마음
커피 한 잔이 걸러줄 수 있을까

고독이 나사를 조이듯 조여오는
낯선 땅일수록
여독으로 힘이 빠져나간 나른한 몸을
의자에 편안히 기대고 마시는
커피 한 잔은 평안을 준다

커피 한 잔에 모든
그리움을 타서 마신다

고독의 흔적을 벗겨내면

사랑의 상처로 온몸을 덮었던
고독의 흔적을 벗겨내면
내 마음엔 그리움이 가득해집니다

절망으로 가득한 서러움에 터덜거리며 걷고
홀로 쓸쓸한 표정을 지으며
쓰디쓴 미소로 사라질 것입니다

서로 기뻐하고 즐거워할 수만 있다면
우리의 삶은 빛을 발할 것입니다

뒤죽박죽 얽히고설켰던
모든 것들이 다 풀어질 것입니다
사랑은 멋진 하모니를 만들 것입니다

그대가 돌아온다면
모든 것을 다 얻은 듯한 기쁨에
근사한 사랑이 다시 시작될 것입니다

고독한 날의 풍경

쓸쓸하다
그리움이 날 감싸고 있다
늘 엇갈리던 그대가
내 마음의 틈새를 비집고 들어온다

그대가 올 것 같지도 않은데
바람마저 그리움으로 불어와
고독이 내 마음을 죄어 감는다

장마철 먹구름 사이로
해가 살짝 고개를 내밀고 사라지듯이
그대의 얼굴이 떠올랐다가 금세 사라진다

내 발길은 그대를 찾고
눈으로 만나려 하지만
숨은 듯 보이지 않는 그대
내 마음이 그대 곁으로 향하고 있다

세상의 모든 온도계가 올라갈 줄 모른다
사람들 속에서 두리번거리며 살펴보지만
마주치는 시선들은 차갑기만 하다
세상이 온통 쓸쓸함으로 가득하다

외로움에서 벗어날 수 있을 때

내 마음이 허전하면
모든 것이 다 외로워 보였습니다

이별의 아픔을 아는 사람은
그 쓸쓸함에 비 오는 바닷가를
거닐어본 사람은 알 것입니다

쓸쓸할 때
사랑의 소중함을 깨닫습니다
만남을 제대로 이루지 못하면
모든 것이 슬픔이 되어버립니다

늘 흐르는 물처럼
사랑도 멈추지 말고 흘러가야 합니다
모든 것들이 제자리를 찾을 때
외로움에서 벗어날 수 있습니다

혼자만의 짧은 여행을

짧게 내린
가을비 소리

외로움을 덜어주는
음악처럼 들렸다

하늘이 푸르다
내 마음도 푸르다

떠날까
커피 한 잔과 함께

나 혼자만을 위한
짧은 여행을

짧은 삶에 긴 여운이 남도록 살자

한 줌의 재와 같은 삶
빠르게 지나가 소진되는 삶
가벼운 안개와 같은 삶
무미건조하고 따분하게 살아가지 말고
세월을 아끼며 사랑하며 살아가자

온갖 잡념과 걱정에 시달리고
불타는 욕망에 빠져들거나
눈이 먼 목표를 향하여 돌진한다면
흘러가는 세월 속에 남는 것은 허탈뿐이다

흔들리는 마음을 잘 훈련하여
세상을 넓게 바라보고
마음껏 펼쳐나가며
불쾌하고 짜증나게 하고
평화를 깨뜨리는 마음에서 떠나자

세월이 흘러
다 잊히기 전에 비참함을 극복하고
용기와 희망을 찾아내어
절망을 극복하고 힘을 북돋우자

불굴의 의지와 활기찬 마음으로
부정적인 사고를 던져버리고
언제나 긍정적인 마음으로
짧은 삶에 긴 여운이 남도록 살자

깨달음

그래그래 그랬었구나
또 실수할 뻔했구나
또 쓰러질 뻔했구나

그래그래 그랬었구나
또 비난할 뻔했구나
또 잘못할 뻔했구나

그래그래 그랬었구나
또 고집할 뻔했구나
또 욕심부릴 뻔했구나

머리를 싹 스치고
지나가는 생각 속에
무릎을 '탁' 치며 알게 되었다

모든 것이 꿈인 듯

외로움조차 밀쳐버리고
잊고 싶어도 잊지 못한다

접어두었던 것들 펼쳐놓고
아무런 미련 없이
돌아서기가 너무나 애처롭다

삶의 마디마디에
맺힌 정 끊을 수 없고
얽힌 정 풀 수도 없다

뒤돌아보고 되새겨보면
모든 것이 꿈인 듯 한순간이다

감정이 잦아드는 날이 올 때까지
묵묵히 믿었기에 아픔이 커
흘리지 못한 눈물에 젖는다
늘 끝장에 더 애틋하게 사랑하고 싶다

이별이 시작되던 날

붙박이 사랑인 줄 알았는데
바닥이 보였다
우리를 촉촉이 적셔주었던
모든 것들이 한순간에 말라버렸다

떠나고 싶다고 했다
사랑하면 붙잡아 달라고 했을 때
말 한마디 제대로 할 수가 없었다

이런 오랜 떠남이 올 줄은
생각하지 못했다
그때는 왜 아무런 말도 못했을까

봄날은 다시 오고 새로운 잎새들은
다시 돋아나는데
우리 사랑은 다시 돋아나지 않는다

설마 했을까
늘 넉넉하던 너의 마음이었기에
장난인 줄 알았을까

어느 날부턴가 소식도 없고
연락할 수도 없을 때 알았다
그날부터
우리들의 이별이
시작되는 날이었다

외로움이 엄습할 때

외로움이 엄습할 때
혼자된 외로움이 서글퍼질 때

온몸에 한기가 돌고
슬픔이 남루하게 걸쳐져 있는
쓰라린 아픔 속에서도
눈물을 흘리고 나면
마음이 홀가분해진다

가슴이 아려오고
미치도록 소리를 지르고 싶고
누군가를 만나
푸념이라도 늘어놓고 싶다

외로움이 심장 속까지 파고들 때

벽에 기대어 흐르는
눈물을 닦지도 않고
줄줄 흐르게 하고 나면
외로움의 고삐가 풀리기 시작한다

혼자 실컷 울다 보면
산다는 것이 다 그런 것 같아
웃음이 나온다

고독한 날은

고독한 날은
모든 것들이
쓸쓸해 보인다

나무들도 고독으로
잎사귀를 떨구고
공원의 벤치도
쓸쓸히 내려앉아 있다

고독한 날은
밤하늘에 떠 있는 달마저
덩그러니 외롭다

잠들지 못하는 밤

밤이 깊어져 갈수록
모든 걸 내려놓고 푹 잠들어야 하는데
밤하늘의 별들처럼
정신이 초롱초롱해져 잠들지 못했다

내 마음을 파고드는 것도 없는데
별다른 이유도 없이
휴식을 가질 시간을 놓치고 말았다

시계를 바라보면
시곗바늘조차 졸음을 견디지 못해
더디게 돌아가는 것만 같다

이 깊은 밤 내 마음을 빼앗고
내 생각을 빼앗아
잠들지 못하게 하는 것은 무엇일까

어느새 나도 깊이 사랑을 느끼며
깊이 인생을 느끼며 사는 나이가 되었다

마음 한구석에 슬픔이 고여 있을 때

마음 한구석에 슬픔이 고여 있을 때
그 아픔에 빠져
괴로워하지 말아야 한다

삶은 늘
절망과 아픔의 손길을 보내고
고통과 고독의 눈길을 보낸다

헛된 꿈을 꾸다
뼈저린 아픔이 올지라도
더 성숙해야 한다

원하지 않은
슬픔에 빠져 있을 때
고통이 우리를 삼키려 할지라도
이겨내는 힘을 가져야 한다

사랑하는 사람을 만날 수 없다는 것은

시시때때로 너의 얼굴이 떠오를 때면
내 손등에 눈물이 떨어진다

어디로 갔을까 그리움이 몰려오는데
어디로 갔을까 보고픔이 올려오는데

마음의 목소리마저 차단되어 너를 부를 수 없고
터져버린 그리움이 핏줄 속으로 흘러
온몸이 날뛰게 되는 것을 막을 수 없다

사랑하는 사람을 만날 수 없다는 것은
가슴에 대못을 박아놓은 것 같은 아픔을 만든다

사랑하는 마음을 전할 수 없어
외로움에 가슴이 시린 날이면
쑥쑥 돋아나는 그리움을 잘라버릴 수 없으니
너를 만나는 꿈이라도 꾸어야겠다

감옥 같은 날

당신은 감옥 같은 날을 알지요
가슴이 터지도록 아파서
어디론가 떠나고 싶지만

나서면 강이요
나서면 산이요
나서면 바다요
어디든 벼랑이어서
들어서면 갈 곳이 없어

하루가 지나고
이틀이 지나고
세월이 가면
그런 마음도 잊고 살지요

외면

누구일까
등 돌리고
돌아선 사람

참 밉다

그립다는 말

숨길 수 없는 외로움이 남아
눈물이 핑 도는데
그립다는 말
참말입니까 참말입니까

내 마음을 수없이 뒤져보아도
그립다는 말만
쏟아져 나오는데
좋아하는 마음을
어찌 다 표현하지 못하겠습니까

내 마음을 꼭 쥔 그대가
내 눈물 젖은 고백의 말을 들어준다면
내 마음은 더욱 울컥거릴 것입니다
한없이 그립고
한없이 보고 싶습니다

마음을 뜯어내고 아프게 만들던
어긋난 생각들도 다 잊고
홀가분한 마음으로 서로를
바라볼 수 있다면 얼마나 좋겠습니까

그립다는 말
입안에서 맴도는데
이 사랑의 마음을
다 쏟아놓을 수 있다면
얼마나 좋겠습니까

널 만났으면 좋겠다

만날 사람도 없이 커피를 마시며
괜히 고독한 척 앉아있을 때

따분함이 가득 차 있으면서도
머릿속에선
더 고독한 포즈를 취하라고
지시를 내린다

행위 예술가라도 되어버린 듯
살아 꿈틀거리는
조각품이 되어버린 날

마음속에 깎아내리고 깎아내려도
남아 있던 그리움이
둥지를 몇 개씩 틀어놓았다

정말 이런 날은
널 만났으면 좋겠다

세월이 남기는 것은

세월이 남기는 것은
그리움보다
추억
안타까움이다

못다 이룬 사랑
못다 이룬 꿈 때문에
발 동동 구르던 때가 눈앞을 스친다

세월이 흘러가도
아무런 후회가 없다면
가슴에 따뜻한 온기가 남을 것이다

지나온 세월을 뒤돌아봐도
오랜 꿈에서 깨어난 듯
개운할 것이다

나 홀로 외롭기에

나 홀로는 외롭기에 함께 가야 할 길이
아무리 험한 길이라도
그대가 원한다면
따라갈 것입니다

아픔과 고통이 나를 꽁꽁 묶어버리고
내 몸에 깊은 상처가 되어
촘촘히 박혀와도
함께 갈 것입니다

그대의 맑고 환한 웃음을 볼 수 있다면
어떤 시련과 고통도
말끔히 지워버리겠습니다
내 눈가에 눈물이 핑 도는 감동이 있다면
마음에 가득한 앙금도
깨끗이 잊겠습니다

흘러가는 세월이 아무리 짧고 짧아도
내 마음을 다 풀어놓고
못다 한 사랑 이야기
나누고 싶습니다

나 홀로는 외롭기에 함께 가야 할 길이
제대로 보이지 않더라도
그대가 원한다면
묵묵히 따라갈 것입니다

혼자 생각

눈 뜨면 보이지 않는
그대가

눈 감으면
어느 사이에
내 곁에 와 있습니다

마음이 허전한 날에는

갇혀 사는 것만 같아
마음이 허전한 날에는

속살까지 적셔오도록 내리는
비를 맞으며 걷고만 싶어진다

핏줄을 타고 도는
욕망의 불길을 어쩔 수 없어
어디론가 떠나고 싶다

낯선 사람을 만나도 좋다
과거를 묻지 않고
내일을 말하지 않고
살갗 속의 고독을 떨쳐버리려
순간순간 속으로만 빠져들고 싶다

일상으로 돌아갈 시간이 오면
무료했던 날 보았던
영화의 입장권처럼
구겨 던져버려도
후회는 없으리라

세월에 떠밀려
날마다 낡아지는 목숨
마음이 허전한 날이면
한 번도 찍지 못할 엉뚱한
필름 속으로 빠져들고 있다

고독을 즐기는 방법

고독이 찾아왔을 때
야윈 가슴으로 괴로워하지 말고
즐기는 방법을 알아야 한다

고독이 발자국 소리도 없이
내 마음의 주인이 되면
고독한 마음으로 세상을 바라보며
시인이 되어 시를 써보라

고독이 마음을 외롭게 하면
외로움에 서글퍼 괴로워만 하지 말고
맛있는 음식을 만드는 요리사가 되어
맛있고 먹음직한 음식을 만들어 보라

고독이 마음을 쓸쓸하게 만들면
커피 한 잔을 마시며 마음 비우고
일상에서 벗어나 여행을 떠나는
여행가가 한번 되어 보라

고독이 마음의 가지를 흔들어
내 마음에 들어앉아 있으면
화폭에 상상의 날개를 펴고
그림을 그려보는 화가가 되어 보라

고독할 때 고독하다고만 절규하지 말고
고독을 즐기는 방법을 찾아보라

허무한 생각이 들 때

머물지 못하고 머물 수 없어
떠나가야 하는 삶인데
한없이
불타오르는 사랑을 하고 싶은 것은
욕심일까
재만 남는다고 하여도
끝까지 타오르면 안 될까

늘 제자리를 지키며 살아왔는데
세월이 내 모든 것을
다 빼앗고 다 쓸어가버리듯이
허무한 생각이 들 때면
나를 가두고 있는 것에서 벗어나
어디론가 떠나가 버리고 싶은
충동이 바람처럼 일어난다

내 몸에도 짐승의 피가 흐르는지
욕망이 끝에 다다랐는지
흘러가는 세월에 마음만 다급해져
온몸의 핏줄이 출렁거린다

내 모든 것들이
다 삭아내리기 전에
욕망을 잠재우고 싶다

지독하게 고독한 날에는

홀로 있으면
처음에는 세상에서
제일 편한 것 같다가도
조금씩 조금씩 심심해지다가
혼자라는 것이 싫어지기 시작한다

몸서리치도록
지독하게 고독한 날에는

두 손으로 정강이를 꼭 안고
무너져 내리는 것만 같은
자신을 감추려고
온몸을 꼭꼭 움츠린다

가슴 전체로 고독이 몰려오는
지독하게 고독한 날에는
고독이 병이었으면 앓아눕고만 싶다

누군가를 사랑한다는 것은

가만히
가슴의 소리를 들어보라
설레고 고동치고 있지 않은가

누군가를
사랑한다는 것은
행복한 일이다

가만히
발걸음을 옮겨보라
어디로 향하여
걷고 싶어지는가를

전화기를 들어
번호를 눌러보라
누구와 통화하고 싶은가를

누군가를 사랑한다는 것은
삶을 삶답게 살아가게 하는 힘이다

이 그리움을 어찌해야 합니까

그대 마음이 굳게 닫혀버리면
생가슴을 찢어놓듯 사무치는
이 그리움을 어찌해야 합니까

어두운 밤
나뭇가지에 붙여놓은 듯한
초승달처럼 애처롭게 흔들리는
내 마음을 아십니까

그대 사랑이 이제껏 내 마음에
빈 바람처럼 불어온 것입니까
그리움도 기다림도 모두 다
던져버려야 오시겠습니까

나 홀로 버려두고 어쩌자는 것입니까
사랑이 병이 들어
그리움의 피를 쏟아내는데
어쩌자는 것입니까

내 가슴에 그대가 시퍼렇게 살아있는데
두 눈을 감은 듯 잊어버리라는 것입니까

내 마음을 달아오르게 하는
그대의 숨결을 듣고 싶은데
이 그리움을 어찌해야 합니까

꼭 만나지 않아도 좋은 사람

늘 그리움이란
책장을 넘기면
떠오르는 사람들

사랑을 하지 않았어도
어떤 약속이 없어도
가끔 생각 속에 찾아와서는
미소 짓게 하는 사람들

어린 시절부터 지금까지
삶의 가까이
삶의 멀리서
언제나 훈훈한 정감이
가득한 사람들 그런 사람들
꼭 만나지 않아도 좋은 사람들

바라만 보아도 좋은
상큼한 과일같이 좋은 사람들

관심

늘 지켜보며
무언가를 해주고 싶었다

네가 울면 같이 울고
네가 웃으면 같이 웃고 싶었다

깊게 보는 눈으로
넓게 보는 눈으로
널 바라보고 있다

바라만 보고 있어도 행복하기에
모든 것을 포기하더라도
모든 것을 잃더라도
다 해주고 싶었다

추억 속의 그림자

네가 떠나던 날
너의 모든 것이 떠났지만
추억 속의
너의 그림자는 언제나
그대로 고스란히 남아있다

시시때때로 그리움이
구름처럼 몰려와
가슴을 후끈 달아오르게 한다

세월이 떠나가는 소리가 들리도록
세월이 무섭게 흘러가
너를 영영
잊어버릴지 걱정이었다.

외로움이 자유롭게 떠올라
견디기 힘들었을 때마다
추억 속의
너의 그림자가 내달려와
나를 위로해주었다

지나온 세월만큼
네가 보고파질 때면
추억 속으로 들어가
추억 속의
너의 그림자를 만난다

그대와 나

그대와 나
설령 이 땅에서 함께하지 못할지라도
사랑으로 행복할 것입니다

사랑은 가슴에서 피어나서
영원으로 꽃 피우는 것

계절이 가면 꽃도 지듯
우리들의 사랑도
그리 머무를 시간이 없습니다

사랑은 그 누가 외면하더라도
영원을 두고 타오릅니다
욕심은 허망합니다
사람들은 언제나
제자리로 돌아가기 때문입니다

우리는 서로
마주 바라보다
설령 떨어져 있을지라도
마음속 그리움을 이어가며
기억하고 있을 것입니다

그대의 따뜻함과 잔잔한 미소를
나는 잊을 수가 없습니다

그대와 나
설령 이 땅에서
함께하지 못할지라도
사랑으로 행복할 것입니다

내 마음에 그리움이란 정거장이 있습니다

내 마음에 그리움이란
정거장이 있습니다

그대를 본 순간부터
그대를 만난 날부터
마음에 온통 보고픔이 돋아납니다
나는 늘 그리움 속에 살고 있습니다

그리움이란 정거장에
세워진 팻말에는
그대의 얼굴이 그려져 있고
'보고 싶다'는 말이 적혀 있습니다

그대가 내 마음의 정거장에 내릴 때면
온통 그리움으로 발돋움하며
서성이던 날들은 사라지고
그대가 내 마음을 밝혀줄 것입니다

내 눈앞에 서있는
그대의 웃는 모습을 바라보며
어린아이처럼 좋아할 것입니다
그대를 기다림이
나는 즐겁습니다

가슴이 터지도록 보고 싶은 날은

가슴이 터지도록 보고 싶은 날은
모든 것을 던져버리고
그대 있는 곳으로 가고 싶다

가식으로 덮여 있는
마음의 껍질을 훌훌 벗어버리면
얼마나 가볍고 홀가분한지
쌓였던 슬픔조차 달아나 버린다

치명적으로 괴롭히던 고통이
하루 종일 못질 해대면
내 모든 아픔을 다 식혀줄
그대와 사랑을 하고 싶다

깨웃음 풀어놓아 즐겁게 해주고
마음 후끈 달아오르게 하는
마냥 그리운 그대에게
내 마음을 있는 그대로 다 풀어놓고 싶다

어두운 절망을 다 걷어내고
맨살의 따뜻한 감촉으로
그대의 손을 잡아보고 싶다

바람마저 심술 맞게 불어오고
눈물겹도록 그리워지면
그대에게 내 마음 고스란히 전해주고 싶어
미친 듯이 샅샅이 다 뒤져내어
그대를 찾아내어 사랑하고 싶다

가슴이 터지도록 보고 싶은 날은
그대가 어디론가 떠나있어도
내 마음엔 언제나 그대가 있다

너를 만나러 가는 길

나의 삶에서
너를 만남이 행복하다

내 가슴에 새겨진 너의 흔적들은
이 세상에서 내가 가질 수 있는
가장 아름다운 것이다

내 삶의 길은 언제나
너를 만나러 가는 길이다

그리움으로 수놓은 길
이 길은 내 마지막 숨을 몰아쉴 때까지
내가 사랑해야 할 길이다

이 지상에서
내가 만난 가장 행복한 길
늘 가고 싶은 길은
너를 만나러 가는 길이다

밀려드는 그리움

밀려드는 그리움을
어찌할 수 없어
명치끝이 아파질 때면

가슴이 온통
그대 생각으로 가득 차
감당할 수가 없다

아무것도 위로가 되지 않고
보고 싶은 생각에
온몸이 눈물로 젖는다

사랑하지 말 걸 그랬다
그대 나에게 올 때
외면할 걸 그랬다

그대를 단 한 번만이라도
꼭 끌어안을 수 있다면
이 모든 아픔은 사라질 것만 같다

그리운 사람 있다면

살아가며 마음속에 만나고 싶고
보고 싶은 그리운 사람 있다면
살아가는 의미가 분명하게 있다

어떤 어려움이 닥쳐도
어떤 시련이 찾아와도
두려움 없이 끝끝내 이겨내어
떠나려는 세월의 자락도 붙잡아놓고
그리운 사람
보고 싶은 사람
만나고 싶다

살아가며 가슴속에 남아 있어
만나고 싶고 보고 싶어
그리운 사람 있다면
살아가는 가치가 있다

간절한 마음이
구름처럼 떠올라
놓치지 않고 싶은 사람 있다면
어떤 장애가 있어도
끝끝내 이겨내고
떠나는 시간의 자락도 붙잡아놓고
다정한 얼굴
그리운 얼굴
만나고 싶다

이런 날이면

비 오는 날 그대에게
전화를 걸었습니다
이런 날이면 아무런 이유 없이
그대를 만나고 싶습니다

울적해지는 마음
산다는 의미를 생각해 보고
살아온 길을 생각해 보다가
허무에 빠지면
온몸이 탈진한 듯 힘이 없어집니다

비 오는 날 그대에게
전화를 걸었습니다
이런 날이면 아무런 이유 없이
그대를 만나고 싶습니다

나의 여인이여 이런 날이면
그대가 먼저 전화해
"보고 싶다 우리 만나자" 하면 좋겠습니다

우리 만나서 커피 한 잔합시다

거리를 걷다가 마음이 울적해지면
우리 만나서 커피 한 잔합시다

혼자 왠지 쓸쓸해서
고독이 세상 밖으로 터져 나오면
우리 만나서 커피 한 잔합시다

커피 한 잔에
음악과 낭만이 흐르고
우리들의 삶이 흘러갑니다

언제든 어느 때나 원한다면
당신과의 만남을 위하여
시간을 비워놓고 기다리겠습니다
우리 만나서 커피 한 잔합시다

산다는 게 다 그렇지만
허망함 속에 속이 타 견딜 수 없고
외로움이 숨통을 조이면 만나야 합니다

산다는 게 다 그렇지만
엇갈림이 있으면 이어지는 것도 있습니다

목마르고 늘 칼칼한 세상
오랜만에 커피 한 잔 나누며
그동안 다하지 못한 우리 이야기를 나눕시다
우리 만나서 커피 한 잔합시다

그곳에도 비가 내리고 있습니까

지금 비가 내리고 있습니다
창밖을 내다보니
그대가 그리워졌습니다
그곳에도 비가 내리고 있습니까

비가 내리는 날은
보고픈 사람이 있습니다
만나고 싶은 사람이 있습니다

비가 내리는 날은
우산을 같이 쓰고
걷고픈 사람이 있습니다

한적한 카페에서
비가 멈출 때까지
이야기하고 싶은 사람이 있습니다

지금 비가 내리고 있습니다
그대 마음에도 비가 내리고 있습니까